丘嶽著
精緻小品

酒話連篇

文史哲出版社印行

國家圖書館出版品預行編目資料

酒話連篇 / 丘嶽著. -- 初版. -- 臺北市: 文史哲, 民 90
面; 公分. -- (精緻小品 ; 1)
ISBN 957-549-361-3 (平裝)

1.酒 - 文集

463.81　　90008183

精 緻 小 品 ①

酒話連篇

著　　者：丘　　嶽
出 版 者：文 史 哲 出 版 社
登記證字號：行政院新聞局版臺業字五三三七號
發 行 人：彭　正　雄
發 行 所：文 史 哲 出 版 社
印 刷 者：文 史 哲 出 版 社
臺北市羅斯福路一段七十二巷四號
郵政劃撥帳號：一六一八〇一七五
電話 886-2-23511028・傳真 886-2-23965656

售價新臺幣一〇〇元

中 華 民 國 九 十 年 六 月 初 版

ISBN 957-549-361-3

序

我的酒量不好，酒膽更缺，有時三五好友聚飲，我只能小酌幾杯，但求不掃酒興。不過，每回酒後微醺，彼此言不及義地東拉西扯，在我看來，眞是人生難得之一樂事。有時山中遇雨，尋一小店吃酒飲茶，雖是半日之閒，卻抵得過十年塵夢，那滋味總要縈繞心懷，久久不散。

十幾年前，我初入報社工作，在鼓勵之下，計畫寫酒話、茶話、鬼話、夢話等一系列連篇之作。明代張潮《幽夢影》說：「春雨宜讀書，夏雨宜奕棋，秋雨宜檢藏，冬雨宜飲酒。」那是一九八九年冬天，正宜飲酒，遂從《酒話連篇》開始寫起，在副刊上以專欄形式每週一篇出現。讀者不知作者身份，觀「丘嶽」之名，內容又多談酒事酒典，來信遂多以長者稱之，以為我至少七十高齡，甚至有一讀者來函詢問如何兼顧飲酒與長壽之道，令我啼笑皆非。專欄從冬天寫到春天，因雜事纏身，後來不了了之，只得本書之二十六篇而已，茶話等寫作計畫就更不用說了，眞眞是無稽的夢話而已。

最近與好友閒談，無意間提及當年之作，也許是幾杯黃湯下肚，他們起鬨何妨出版印行。想想既是一段文字因緣，也還有點意思，遂提起「酒膽」向文史哲出版社彭正雄社長詢問一下，他爽快地答應了，讓我有點懷疑他是否喝了點酒，說的是「酒話」。

但，這本小書出版了。看來，酒還眞是天下無敵。「晚來天欲雪，能飲一杯無？」就讓這本小書，助助您的酒興，添添那乏味生活外的一點小趣味，小意思吧。

二〇〇一年春天寫於木柵近山居

酒話連篇 目錄

篇連話酒

黃山猿猱

——中國最早的釀酒者

中國是世界上最早釀酒的國家之一，人們飲酒的歷史也有幾千年了，但是，酒是在什麼時候、什麼人開始釀造的，可能許多嗜好杯中物的癮君子們，不見得馬上能答得出來。

查考史籍記載，最早的釀酒者，應該是「黃山猿猱」。在《清稗類鈔・粵西偶記》中，有這麼一段記載：「粵西平樂等府，山中多猿，善採百花釀酒。樵子入山，得其巢穴者，其酒甚至數石。飲之，香美異常，名曰猿酒。」另《類聚名物考》中，也有類似的說法：「黃山多猿猱，春夏採花果，於石窪中，醞釀成酒，香聞數百步，野樵或得偷飲，多飲減酒痕，覺之衆猿伺得人，必嬲死之。」

這些記載似乎都說得很肯定，猿猱是最早的釀酒者，猿酒是中國最早的酒。這說法有點近乎荒唐，但其實倒也合乎情理。在日常生活中，我們經常會看到這種現象：吃不完的水果，如葡萄、桃子、李子等，放久了，慢慢地霉爛，散發出一股酒味。這種情況的產生，主要是一種微生物——酵母菌所致。酵母菌能分解糖類產生酒精和二氧化碳等，這個過程，就是我們所謂的「發酵」。猿猴由於深居山林中，極有可能會遇到成熟後墜落經發酵而帶有酒味的果子。開始牠們也許並不知食用，但在飢餓之下偶爾嘗了嘗，覺得別有風味，於是就將果子摘下放入「石窪」中，讓它自然發酵後再來享用。如果說「醞釀成酒」的「醞釀」，是指事物的自然變化養成，那麼，猿猴採花果而「醞釀成酒」，是完全可能的。只不過，猿猴的「造酒」與人類的「釀酒」，在本質上不同，充其量也只能說是「造帶有酒味的野果」而已。

前述的黃山，位於今安徽省歙縣西方北，而猿猴，則是比「猿人」更早出現的「原人」，牠們是生活在五百萬至兩千萬年前的哺乳類靈長目古生物，由於牠們已具有打造日常器具的能力，加上久居靈秀山麓，得天獨厚，遂有釀酒之技。

由以上的記載可知，猿猴實在是既聰明又行動敏捷的動物，會發現酒窪裡的酒有減少的跡象，就躲在隱蔽處守候，好逮住偷飲的山中樵夫。看來，猿猴不但是人類的祖先，而且還是釀酒的祖先呢！

酒麴

——釀酒的祕密武器

由遺跡顯示，商代的釀酒技術十分進步，當時已懂得區分運用蘖釀法與麴釀法。

「蘖」指萌芽，如：麥芽、穀芽等，是造酒的糖化劑，如現代的飴糖類產品就是以此法製造，一般家庭式釀法也經常運用。它的缺點是糖化高、酒化低，所以鮮人使用，日久而失傳，明宋應星《天工開物》就曾記載：「古來麴造酒，蘖造醴（甜酒），後來厭其味薄，遂至失傳。」

「麴」同「麯」，就是酒母，麴釀法便是利用酒母來釀酒，製麴和用麴釀酒的發明，代表了中國釀酒術的一大邁進。因爲用麴釀酒，可以使糖化和酒化兩個階段結合起來，讓穀物中的澱粉一邊糖化，一邊酒化，交叉同時進行，而不是按先糖化再酒化兩個步驟釀造。這種進步的釀造法，稱爲「複式發酵法」，是我們祖先在釀酒工業中的偉大發明，對後世的酒類、酒精、發酵食品以及醫藥衛生等都產生極大影響。幾千年來，製麴和用麴釀酒的「複式發酵法」，一直是我國釀酒技藝的源泉，直到今天，我國許多馳譽世界的黃酒和白酒仍是用此法釀造的。此法的發明，不僅對我國造酒工藝的發展影響至深，而且還是世界釀酒史上的輝煌成就。

酒麴的產生是和穀物釀酒同時出現的，最初，穀物發霉或發芽，成爲天然酒麴，把它浸泡在水裡，就能發酵成酒，我們的祖先不斷地接觸、觀察到天然酒麴，最後經無數次的試驗，才製造出人工酒麴。這個過程看似簡單，其實絕非輕而易舉，但我們的祖先在六、七千年前卻做到了。

在東方，我國的製麴釀酒術廣泛地流傳到韓國、日本、印度、東南亞一帶，可說是亞洲各國麴釀法的先驅，至今還被各國採用。在西方，雖然古埃及人很早就能釀造啤酒，巴比倫人在西元前二千八百年時也已盛行飲啤酒，但西方各國主要的穀物酒，如威士忌、伏特加等，都是使用麥芽糖化加酵母的方法，一直要到十九世紀末，法國人卡爾麥特才從我國製酒藥麴上研究出些微心得，用在酒精生產上，名爲「阿米諾法」，這才突破了西方釀酒的糖化劑非用麥芽不可的限制。距離《尚書》所載，商王武丁與大臣的對話「若作酒醴，維爾麴糵」，中國的釀酒技術在千年前就已獨佔鰲頭。

由麴釀法可知幾千年來的中國人，已經能巧妙掌握微生物的品種、選擇、培養和應用。難怪有的外國學者認爲，酒麴的發明與應用，應該與指南針、造紙、火藥、印刷術四大發明並列，成爲中華民族對人類作出的「五大發明」。

種類繁多的酒麴

我國用麴釀酒的歷史悠久，故累積的製麴經驗很豐富，種類也不勝枚舉，如明人李時珍在《本草綱目》卷二十五釀造類中的「麴」項目下，便條舉細目如：小麥麴、麵麴、米麴、神麴、紅麴等，並分別詳言其氣味、主治、附方等。不過，大體歸納起來，主要有以下三種：

一、大麴：因成品的形狀像大的磚塊，而且每塊重達二到三斤，故名爲大麴。使用的原料主要是大麥、小麥、豌豆和黃豆等穀物。大麴培製完成，一般要求貯存三個月才使用，所以又稱爲陳麴。它既是糖化劑，又是發酵劑。用大麴釀酒，麴的需要量較大，例如茅台酒的用麴量為原料的百分之一百，瀘州大麴酒為百分之十八到二十二。用大麴釀的酒，有的就叫大麴酒。大麴按製麴過程中對控制麴胚最高溫度的差異，可分為高溫麴（攝氏六十到六十五度左台）、中溫麴（五十到六十度左台）、低溫麴（四十到五十度左右）。

二、小麴：小麴以其體積較大麴小很多，因此得名。使用的原料有米、米糠和小麥等，一般還添加中草藥製成，所以也叫藥麴或酒藥。也兼有糖化和發酵的雙重作用，但用量比大麴少得多，只佔釀酒原料的百分之一到百分之二。小麴釀酒適宜在氣溫較高的地區，如我國長江以南各省，便普遍採用。而且香氣清雅，口味醇甜，不像用大麴釀的酒，香氣較濃郁。

三、麩麴：由於是用麩皮製成的，所以稱爲麩皮酒，又因生產的周期短，也叫快麴。它是用人工培育的菌種——主要的是麴霉——製成的糖化劑。用麩麴釀成的酒，香氣不及大麴酒濃郁，但是成本較低，節省糧食，而且不受季節限制。

南宋時朱肱的《北山酒經》，是世界上第一部製麴釀酒的專門著作，其中列舉了十三種製麴配方，分爲罨法、風法和曝法三類，其用料與過程，實與七、八百年後的今天相當接近。

明人宋應星的《天工開物》裡，曾談到製麴時品質管制的重要：「凡造酒母（麴）的人家，須戎慎小心，若生黃（製麴的一個過程）不足，視候不勤快，盥拭不潔，則得的麴有瑕疵，動輒敗人石米（釀物），故市麴之家，必信著名聞，而後不負釀者。」可見得人爲條件的優劣，往往會影響到酒麴釀造的成敗，而酒麴品質的好壞，不僅與產酒率的高低密切有關，更直接影響到成品酒的風味，這之間的高下功夫，可是絲毫不得有一絲馬虎的。因此，才會有人說：麴是酒之骨。甚至說：麴是酒之魂了。

酒　官

——釀酒事務的總管大臣

據史書記載，夏朝時「庖正」之官，專為帝王家「掌膳饈」，可見當時烹飪技術已相當專業化。窮奢極慾的夏桀，據說曾「懸肉為林，貯酒為池」，若此說是眞，那麼當時的耗酒量一定很大，似乎該設「掌釀造」的官來總攬釀酒事務，但是相關的記載付諸闕如。

到了殷商時代，飲酒之風極盛，在殷墟的釀酒場所遺址中，發現有釀酒用的大缸，可見規模不小。又由出土的商代青銅烹飪器皿製作之精巧來看，當時的帝王貴族一定十分講究飲饌的享受，史書上說，商代的大臣伊尹，就是因爲一身精湛的烹飪手藝而受到湯王的重視的，可是，至今仍未見有設置酒官的記載。

酒官的設置，要等到西元前十一世紀周王朝才開始，而且也是從周代開始，酒才成爲祭祀中的奠品，在此之前，夏朝用水祭祀，殷商則是用醴（甜酒）。同樣講究生活奢靡的周王朝室，據載當時僅爲侍候王室起居飲食生活的人就多達二千三百三十二人！單在飲食服務方面就設有許多官職，如「掌王之膳食」的「膳夫」，「掌供六畜六獸」的「庖人」，還有「凌人」是專管儲藏天然冰塊供食品冷藏用的，可見對飲樂之重視程度。此外還有負責狩獵的「獸人」，專製臘肉的「臘人」等，其分工之細，機構之多，今人恐亦會咋舌。當然，負責供應及釀造酒的官職名目就更多了。

周室設有酒正、大酋和漿人等酒官。酒正專管與酒有關的政令，而且還必須具備有辨別「三酒四飲」的能力，所謂「三酒」，是指事酒，即祭祀時用的酒；昔酒，一種陳年老酒；清酒，一種保存很久而色清味純的酒。至於「四飲」，則是指——清，晶清的甜酒；醫，用粥作成的甜酒；漿，有酸味的酒；酏，是稀粥。可見，這酒官不是人人可當，他的品味辨識能力必須高人一等才行。

大酋，則是專管釀造，造酒的方法和原料由酒正傳給大酋，由大酋負責釀造；至於漿人，則負責保管周王平日喝的飲料，叫做「六清」或「六飲」，即水、漿、醴、醇（滲了水的酒）、醫、酏。這六種飲料平時藏在酒府，飲用時方才取出。此外，還有專管供祭祀用的酒的「鬯人」等等。

周代還有一種稱爲「萍氏」的官職，是主管幾酒和謹酒的，幾酒，是稽察是否酒賣太多，謹酒是禁止人民經常飲酒，尤其禁止群飲。這個制度一直延用到西漢，漢律就曾規定：三人以上無故群飲，要罰金四兩。可見無論是釀酒、賣酒、禁酒，都有專業人員在負責。自周以後，歷代也大都設置有管酒的官職，如「酒士」、「酒丞」、「酒務」等。總之，酒官的設置，不僅說明釀酒已成爲獨立的手工業部門，無疑的，也推動了釀酒工業的進一步發展。

紹興酒

——用鑑湖水釀的古酒

釀造紹興酒的水，是使用鑑湖的水。浙江省紹興縣內河道縱橫，在縣城西南，有源自會稽山脈的湖水，因平如鏡，故也稱鏡湖。其水質清，含微量礦物質，有利於釀酒微生物的生長，以之釀酒，據說會使酒具有鮮、嫩、甜的特性。由於酒好，銷行很廣，遂以產地爲名，統稱紹興酒。

紹興酒好在那裡呢？首先是它的色澤澄黃，香氣濃郁，質味醇厚，而且酒度低，富有營養，所以它也是烹飪中的重要調味品，製藥的好材料。

紹興人生長酒鄉，嗜飲者多。紹興人對於新釀造的紹興酒，稱爲新酒，若貯藏超過一個夏季，即稱老酒；貯藏經過兩個夏季以上者，稱爲陳老酒。因爲紹興酒歷史悠久，成品酒越陳越香，所以一般人都習慣叫它「紹興老酒」。

紹興酒的品種很多，有稱狀元紅，有稱竹葉青，也有的叫花雕，甚至稱太雕的。狀元紅，是因歷史上酒曇外表塗硃紅色而得名，是紹興酒中銷售量最大的品種，有獨特的芳香，口味甘甜，飲時稍加溫，吃雞鴨時喝最適宜。花雕酒是紹興舊俗娶媳用作禮物的酒，由男家於迎親時隨同花轎送至女家，並須與羊相配，稱爲「牽羊擔酒」。至於太雕，則純係賣酒者杜撰之名，意指比花雕酒更好的紹興酒；而竹葉青則是指色澤較淡的紹興酒。

紹興一地，據說有女兒紅或稱女兒酒的，係於女兒出生時釀造，然後埋在地窖中，等女兒長大出嫁時，再娶出宴客，這是非常美麗的說法，惟釀造女兒紅並非普遍的習俗。

據研究，兩千多年前的春秋戰國時代，紹興地區飲酒的風氣已很盛行。勾踐用酒獎勵生育，就是證明。到了南宋，由於紹興距首都臨安很近，而酒稅又是宋王朝的主要稅收之一，政府鼓勵釀酒，紹興酒也因此得到極大的發展。明代時甚至水稻耕地有十分之四是種的釀酒的原料糯米，可見該地釀酒業之發達。清時紹興酒不僅遠銷南洋一帶，就連原本不喜飲用這種略帶酸甜而酒度又低的酒的北方人，也開始歡迎紹興酒了。據說康熙皇帝就曾延請紹興釀酒師到宮廷來釀酒。許多王公貴族的婚禮，也喜好用雕花彩曇盛裝的紹興酒，而且要成雙。民國十一年清廢帝溥儀「大婚」時，納彩禮就抬了四十曇紹興酒。

至於臺灣釀造紹興酒，係於民國三十九年開始籌劃，因埔里附近有一處泉水，非常清淨，其所含硫化物等，也適合紹興酒菌種的發育繁殖，再加上埔里的氣候又很適宜釀酒，故菸酒公賣局便決定由埔里酒廠試釀，四十年開始試釀，起初成品並不理想，但經工作人員通力合作，克服技術上的困難，終獲成功。於四十二年正式包裝出品，當時各方反應非常良好。直到現在，紹興酒仍是深受國人喜愛，喜慶宴會必備的酒類之一。

喜飲紹興者，都知紹興酒有「三怕」：一是怕動盪，搖晃得太厲害，酒質會變得混濁而酸；二是怕太陽曬，曬過得久，溫度增高，加速變酸，而且顏色加重；三是開罎後不宜久置，否則酒一發酸，香味盡失，就太可惜了。

此外，若燙熱再飲用，味道更佳，而且不致傷胃。若能在天寒時節，喝上一杯暖烘烘的陳年紹興酒，那眞是其樂陶陶的美事。

臺灣民間普遍飲用的米酒

或許是廉價的緣故，米酒，曾經是臺灣民間最受歡迎的酒，但是隨著近年來經濟飛躍成長，民衆所得大幅提高，飲用米酒的人已日漸減少，相反的，洋酒的銷售量卻不斷增加，如今米酒似乎只是一般家庭主婦作爲調味料酒之用而已。

不過，米酒也曾有一段輝煌的歷史。在日據時代，酒未專賣以前，民間製造米酒的酒廠高達一百多家。據說，米酒那獨特的濃烈辛辣味道，一旦飲用數次，往往難以捨棄，尤其上癮之後，更覺其他酒類味道之不足。

顧名思義，米酒當然是用米釀造的，猶如米飯是用米煮成的一樣。不過，三十九年左右，臺灣民間所煮的米飯，是攙著蕃薯簽同煮的。米酒也是如此，釀造時攙入蕃薯簽的比率要比米多，這當然是受限於當時的經濟條件，爲節省食米的消耗，減少釀酒成本。如今的米酒，早已全部用米而不用薯簽，其風味比起過去自然也大有進步。雖然物美價廉，但其銷售量仍次於啤酒，這只能說是物質條件的改善太快，生活享受的水準超過釀酒技術的改進太多。

臺灣米酒的製造方法，是採用大陸的「在來法」，其製造過程是：先製白麴，然後拌入蒸煮後已冷卻的米飯內，使之糖化發酵成爲酒醪，酒醪經蒸餾而得米酒。這種方法已經落伍，現在較進步的釀製米酒方法叫「阿米羅法」，是將蒸煮好的製酒原料置入密閉式槽內，先移殖事先培養好的黴菌使原料糖化，再移植培養成的酵母使原料發酵成爲酒醪，然後再將酒醪蒸餾而得米酒。

蒸餾而得的米酒，是原料米酒，其酒精含量是二〇%左右，再加調和，使其含量增至二五%，過濾後即可裝瓶。由於其標貼是以粉紅及深紅雙色套印，所以市場上大多稱之爲「紅標米酒」。

用米釀酒，大陸上也很多。如四川宜賓的名酒「五糧液」，味道醇香，而且無強烈刺激性，可算是酒中佳品，它就是用高粱、大米、小麥、玉米、糯米五種糧食釀造成的。

在長春瀋陽一帶，由於冬天氣溫太低，冷風刺骨，當地人在吃早餐時都會準備一種「糊米酒」來禦寒。這種酒的顏色赤褐，用秫米和黃米爲原料，架在小火爐上燉，邊煮邊加糖，喝了添酒再煮，往往一屋子都是酒香。幾杯下肚後，屋外的酷寒彷彿一掃而光，這「糊米酒」，眞抵得過皮大衣，可謂是東北人過冬不可缺少的最佳良伴。

香聞十里的高粱酒

顧名思義，高粱酒自然是以高粱爲主要原料而釀造的。中國南北各地，到處都有高粱生產，因高粱易於生長，又性耐旱澇，即使是沙土瘠壤，也能收穫，所以取高粱釀酒幾乎是各省都有，而且風味別具。

高粱酒屬於中國白酒系列，白酒的原料很多，舉凡含澱粉與糖類的植物均可釀造白酒，如高粱、玉米、大麥、黍類均可釀製，其中以高粱爲我國釀造白酒的主要原料。北方多用粳高粱，南方則多用糯高粱，所以高粱酒也就因此著名，成爲白酒的俗稱。

高粱酒是用高粱飯拌和酒麴，再以固體發酵法蒸餾而成，而且其蒸餾後之糟粕，可繼續發酵，再行蒸餾。一般稱製造高粱酒的釀戶爲燒鍋或糟坊，其製造可終年不斷。當然，現在私釀高粱酒的情況不多見，大都已在酒廠中大量生產。

高粱酒一般係以所含酒精成份之多少分別好壞，有些喝慣高粱酒的人，對於酒精成份較少的紹興酒，會覺得淡而無味，無法滿足酒癮。

大陸上出名的高粱酒很多，如遼東的高粱酒即是。該酒尤以海城一帶產量最豐，因爲當地恰好位於遼河下游，土壤肥沃，河川縱橫，田間所產的高粱，質美量豐，加上水味清甜，釀出的酒令人垂涎，據說其香氣的濃烈，稱得上「香聞十里」。海城一地，由於高粱遍野，酒廠林立，釀酒技術大多世代相傳，所以幾乎人人嗜酒，也人人懂得釀酒。

至於金門的高粱酒，也是酒中佳品，名聞遐邇。筆者在金門時，聽金門酒廠的廠長賈芸先生提起：金門的酒之所以好，是因爲氣候適宜，水質佳，再加上技術純熟所致。據說金門原本有一寶月庵，中有寶月泉，每當月圓時即泉水漲滿，其庵久廢，酒廠即在寶月庵址，用寶月泉水釀酒，因此酒質格外清醇。每當收割高粱季節時，當地農民便將高粱鋪陳在島上的大小馬路上，藉著來往車輛的輾壓使穗粒掉落，蔚爲一景。

不但金門生產的酒好，陶瓷廠製作的酒器也是藝術善品，瓶式典雅，美不勝收，佳酒配名瓶，無怪乎金門酒能享譽中外了。

馬祖酒廠則設於島之東南隅，所產酒與金門酒齊名，由於酒廠內之古井，水質清冽，使得名泉名酒，相得益彰。

臺灣釀造的高粱酒，是菸酒公賣局嘉義酒廠出品。三十九年開始釀造，供銷狀況十分良好。因爲不斷進行各種研究和試驗，因此酒的品質與香味也不斷提昇，五十九年乃有大麴酒問世。由於酒的純度提高，因此大麴酒比高粱酒來得更香醇可口。

其實大麴酒與高粱酒，應是同一種類的酒。大麴酒是用大麴和高粱釀造的，高粱酒亦然，這兩種酒，按理應合稱爲大麴高粱酒，只不過習慣上稱品質較佳者爲大麴酒，稍次者爲高粱酒。高粱酒不必經過長時間貯藏就可飲用，比用稻米等釀成的酒，需貯存多日才能飲用不同。不過，高粱酒也有愈陳愈香的特性，因此金門所產的陳年高粱經常是供不應求。

一般品嘗高粱酒者，大都用小杯子細斟慢酌，除非酒量酒膽奇佳，才敢「大碗喝高粱」。天冷時，最好加熱飲用，惟臺灣四季如春，少有酷寒時候，故飲用高粱酒大都不燙酒。

可換一份刺史官職的葡萄酒

說起葡萄酒，法國可算是葡萄酒的王國，世界上品質最好的葡萄酒都是在法國產製。法國國境之內幾乎到處都栽植葡萄樹，尤以西南部波爾多一帶最適宜生長，是舉世聞名的葡萄酒產區。在歐洲許多國家，葡萄酒被視爲很普通的飲料，飯前飯後都要喝上一杯，工作時也要喝一杯提振精神，大人小孩都不例外，即使在餐館吃一客快餐，也通常會免費附送一小瓶葡萄酒。可見其風行之一斑。

世界上除高寒地區外，都可以栽種葡萄。葡萄的種類，全世界約有一千種以上，所釀的酒也風味各異。中國大陸的長江、黃河、珠江三大流域，都有葡萄生產，山東半島尤其適宜葡萄樹的種植，因爲土壤、氣候、雨量等條件都十分優越。

如果你與外國人交談，提到芝罘(Chefoo)，一般都知道那是指中國煙臺葡萄酒，正如提到法國的波爾多一樣，已經成了葡萄酒的代名詞，而煙臺正是擁有山東半島卓越的地理環境，才能釀出獨具特色的美酒。

所謂芝罘，是山東煙臺市北方九公里處的一個小島。這個小島之所以名聲遠播，是開始於一個歷史傳說。據《史記》載，秦始皇三十七年（西元前二一〇年），遣徐福入海採長生不老之藥，徐福對秦王報告說：蓬萊有不死之藥，惜因海裡有大鮫魚阻礙，無法取得。於是，秦始皇在芝罘，親自用弩射殺了一條巨魚，從此，芝罘之名不脛而走。

清光緒初年，有位華僑企業家張裕，在煙臺創辦了張裕葡萄釀酒公司，生產的葡萄酒馳名海內外。其所有葡萄品種，都從法國引進，所產之酒有紅葡萄酒、葡萄白蘭地酒及名叫「味美思」的補身酒。清末名改革家康有爲曾下榻張裕公司，寫下「淺飲張裕葡萄酒，移植豐臺芍藥花，更復法華宣新句，欣於所遇即爲家」的詩句。一九一二年，國父孫中山先生也曾親臨張裕公司，題寫了「品重醴泉」四字，給予極高的稱賞。

一九一四年，張裕葡萄酒在南洋勸業會舉辦的商品陳列賽會中獲得最高優質獎章；一九一五年，在巴拿馬萬國博覽會上，也榮獲金質獎章和獎狀，被列爲世界一等名酒。自此，煙臺葡萄酒聲名大振，享譽中外。

關於張裕的傳說不少，有人說是廣東人，家境富裕；也有的說是煙臺人，幼年貧苦，流浪到法國後，受到一位海軍上將的器用，幫他完成學業，後來這位上將死亡，遺囑以其財產贈與張裕，故使他有財力回國創辦大酒廠。

葡萄酒若按酒液的顏色，可分爲白葡萄酒、紅葡萄酒、桃紅色葡萄酒（又名玫瑰色葡萄酒）。我國釀造葡萄酒的歷史，至少已有二千多年了。唐朝王翰即曾歌詠過「葡萄美酒夜光杯」；另李時珍的《本草綱目》上也記載有用葡萄釀酒之法：「取葡萄數十斤，用大麴釀酢，取入甑蒸之，以器承其滴露，紅色可愛。古者西域造之，唐時破高昌，始得其法。」由此可得知，最初用葡萄釀酒，是從西域傳來之法。

據史書載，漢武帝時，張騫自西域返回長安，曾帶回優良的葡萄品種。武帝很高興，下令種種，而且又招來釀酒藝人在長安釀造葡萄酒。因此，法國雖是世界著名的產葡萄酒國，但他們是西元六百多年才釀造，和我國漢武帝時相比，足足晚了七、八百年。

在古代，葡萄酒是非常珍貴的。東漢末年有一名孟他者，送了一斛葡萄酒給中常侍張讓，張受賄後即授孟他「涼州刺史」的官職；南北朝時，有人獻給北齊廢帝一盤葡萄，竟獲得一百匹絹的重賞，其珍貴由此可知。

至於臺灣，雖早於日據時代即提倡種植葡萄，但當時栽培的面積甚爲狹小，一直到民國四十四年省菸酒公賣局臺北第一酒廠試釀葡萄酒成功後，才大力推廣。時至今日，臺灣所釀的葡萄酒銷售量已節節上升，成爲國人喜歡的酒類之一。

啤酒

——痛快淋漓的解渴飲料

許多人將啤酒視爲一種日常解渴飲料，覺得只是介於咖啡與茶之間的飲品而已，所以常在酒宴中聽人勸酒說道：「啤酒不算酒，外國人把它當作涼茶呢！」這樣的看法應該是因爲啤酒的酒精含量不高，一般在百分之四左右，所以才有此一說。但其所含酒精成份雖低，如果喝多了一樣會醉，尤其是不善飲者，幾杯下肚，一樣臉紅頭暈。

啤酒可算是世界性的飲料，已有五千年以上的歷史。釀造啤酒，雖不一定要名山之泉，但水質好壞依然關係到酒質的優劣。如大陸上聞名的雪花啤酒，是取瀋陽深層地下水，經低溫發酵，精心釀造而成；青島啤酒是用嶗山泉水，所以口味香醇爽口；再如煙台啤酒，當初就是四處尋找良泉，結果在煙台南山找到老虎眼泉水，遂在該地建廠釀造啤酒，其質味也是芳香可口。

至於臺灣啤酒，其最具特色的不是水質，應該是使用蓬萊白米爲原料，所以酒味清香，爲其他各國啤酒所不及。因爲品質佳、口味與衆不同，六十七年參加比利時首都布魯塞爾的世界酒類評選大賽，瓶裝啤酒榮獲金質獎，罐裝啤酒則得到銀質獎，在歐洲衆多酒類的競爭下，能脫穎而出，實在值得驕傲。

臺灣啤酒的銷售，一到夏季經常有供不應求現象，可見嗜飲者之多，尤其是一些啤酒屋或夜市，大口「灌」啤酒的人不在少數，三五酒友聚會，喝掉數打也是稀鬆平常之事。許多人特別喜愛喝生啤酒，所謂「生」、「熟」啤酒，是根據其是否經過加溫處理而分。一般來說，熟啤酒是在裝瓶打栓以後放進殺菌器內加熱殺菌大約需一小時之久。而生啤酒則是發酵完成，過濾並添加碳酸氣後即可飲用，其味比熟啤酒更鮮美可口。生啤酒因爲未經殺菌，所以在陰涼處大概只能保存四、五天左右，超過一週，往往變酸不能飲用，故對生啤酒的供應而言，時效是極重要的條件。即使是熟啤酒也不能貯藏太久，一般若超過三個月以上，其質味就會產生變化，泡沫也會漸漸減少。

啤酒會產生大量泡沫，是因酒中含有多量碳酸氣，原在容器中受壓力保持，一旦打開瓶蓋或自啤酒桶倒出時，因壓力驟減與倒入酒杯之際所引起的物理攪亂，使得碳酸氣疾速散放並與空氣接觸，以致產生多量泡沫。通常以泡沫細多且持續較久者爲佳。如雪花啤酒，就是因其泡沫細膩潔白，宛如雪花而得名。

炎炎夏日，經過辛勞的工作後，若能大口喝上幾杯冰啤酒，那是十分舒暢快意的事，不僅清涼消暑，而且還能補充營養。說啤酒營養是眞的，因爲除了大麥、啤酒花（也是釀造啤酒的主要原料之一）、少量稻米及少量酒精外，還含有甘油、維他命等營養物質，所以有人說：喝一瓶啤酒比吃一碗飯的熱量還要多！也正因如此，常喝啤酒的人如果不適度運動，往往身體會漸漸發胖，久而久之，一個如啤酒桶般的肚子就會出現，那可就不是一件痛快淋漓的事了。

用葡萄酒蒸餾而成的白蘭地

如果將葡萄酒蒸餾加工，所得到的蒸餾葡萄酒，就是今天人們說的白蘭地。「白蘭地」一詞，是從英語Brandy音譯而來。一般人大都認爲白蘭地是法國人在西元十二世紀時首先釀製的，其實在我國西北地區，唐代就已經有了用葡萄酒蒸製的葡萄燒酒。所以有的學者認爲，歐洲人製造蒸餾酒的方法，是從中國的絲綢之路傳過去的。

當今世界上的白蘭地酒，仍以法國產品最佳。在法國，又以科涅克區所產爲最著名。當地農戶所種植的是白葡萄，果農收穫後先行釀成葡萄酒，這種粗製而成的酒質味雖不佳，卻是最適宜蒸餾成白蘭地酒。農戶將蒸餾後的白蘭地酒盛入特製的硬木桶內，經過長時期的貯藏後，再賣給酒廠。酒廠對於收購之酒，會請專家一一品嚐，加以分類，再慎重的予以調和及過濾，然後盛入用橡樹硬木挖去中心而製成的大酒桶中，放進酒庫貯藏。在貯藏過程中，原本無色的酒液，因吸收橡木的色素，而漸漸變成琥珀色，並且使酒味日益芳醇。

原則上，白蘭地在橡木桶中貯藏的時間愈久，味道愈香醇，不過必須注意的是，由於存放在木桶裡，酒液每年會自然蒸發百分之一左右，所以若有所謂百年貯藏的白蘭地，那恐怕開封後會發現桶中的存酒，已所剩無多了。

白蘭地酒在裝瓶出售時，一般都會在瓶身上標示出酒的年份，只不過是使用的標示不同罷了。有的是用星狀圖案表示，如貯存五至八年者，是三顆星；八至十年者，是四星；十至十二年者，是五星。當然，這並不是絕對的標準。另外有用英文字母表示的，如十二至十五年，是V・O；十五至十八年，是V・V・O；十八年至二十年，是V・S・O；廿五至三十五年，是V・S・O・P；貯存達四十五年者，是X・O；從星狀到英文字母，是代表貯藏年數的增加。這些年份數字，只是按照傳統的商業習慣而分，並不一定完全正確。

正因爲貯藏的時間長，所以售價都十分高昂，不是隨便喝得起的。過去煙臺張裕酒廠得過金牌獎的白蘭地酒，其酒品分三級，第一級貯存三十二年；第二級二十八年；第三級是十六年。至於臺灣的白蘭地酒，就不像外國貯藏那麼久，蒸餾後在木桶裡大概存儲五年就包裝上市，所以價格上比較低。但是其酒質醇美，氣味芳香，與外國白蘭地相比，並不遜色，眞可稱得上是「價廉物美」。臺灣經濟繁榮，在酒廊中常見一些商人應酬，一夜之間喝掉幾瓶X・O並不是怪事。

飲用白蘭地酒，有專用的酒杯，是窄口大肚的透明玻璃杯，據說可防止香氣散逸。喝時第一口不要太多，讓酒在舌上滾幾下才慢慢下嚥，如此才能充分體會酒的香醇，畢竟，白蘭地可不同於米酒、啤酒，「牛飲」是不適宜的。

色、香、味俱佳的水果酒

除了葡萄酒之外，所有用水果釀造的酒，都可算是水果酒。由於我國的水果生產極豐，所以用來釀酒的也特別多，像蘋果、荔枝、草莓、香蕉、柑桔、桃、梨等，都是極好的釀酒原料。

一般而言，大家對於水果酒的興趣較低於用米麥五穀釀造的酒，這可能是由於水果酒的酒精度都不高，通常只有十四到十八度左右。不過，由於水果酒大多色澤斑斕，極討人喜愛，所以喜歡喝的大有人在。

其實，要釀造好的水果酒並非易事，它需要豐富的經驗與技術，因爲它不僅要保持水果原料的色、香、味，還要有酒香與酒味，最重要的，是不能流失水果的主要營養價值。過去臺灣公賣局酒廠曾先後製造了一些應市的水果酒，口碑與市場反應都不錯，現稍加介紹於後：

烏梅酒：是採用新鮮李子和梅子爲原料，以飲料酒精浸製，成熟後再與烏龍茶調製的原料酒混合並過濾。酒的品質香醇，風味特殊，曾獲六十七年世界酒類評選會的銀質獎。

荔枝酒：是採用新鮮荔枝，去除皮核，在低溫下發酵釀製。酒的品質優良，色澤清淡，在六十七年世界酒類評選會中榮獲金質獎。

以上這二種水果酒，夏天飲用時，最好加上冰塊或冷凍後喝，風味更佳。除此之外，自釀葡萄酒的情形在臺灣非常普遍。還有枇杷、草莓等，都可加進高粱酒浸泡而成水果酒，喜吃甜的，可摻入蜂蜜，想吃酸點的，可加入切片的檸檬。至於臺灣到處盛產的番石榴，若切碎裝瓶加糖，也可以發酵成酒，酒味雖淡，倒也別有一番滋味。

在大陸四川萬縣地區流傳著一個《獼猴桃酒助蜀兵》的故事，大意是說：三國時諸葛亮爲防魏兵偷襲，在今天靠近陝西大巴山的城口縣一帶，駐了一支軍，由於士兵都來自成都平原，頗不適應山區的氣候，不少人染上了「瘴疫」，舌頭起泡，牙齦出血。諸葛亮見狀，內心憂急不已，經訪問當地老人，發現當地人之所以不染瘴疫，主要是常常吃一種卵形的漿果，於是令士兵採來給染病的士兵吃，果然病都好了。後來諸葛亮又去請教當地民衆，才知道這種野果叫獼猴桃，也可以釀酒。這種野果內含豐富的維生素C，士兵們可能是因久未食蔬菜，體內嚴重缺乏維生素C，所以染上瘴疫之疾。

在四川還有一些水果酒也馳名中外，如渠縣渠江果酒廠產的廣柑酒及紅桔酒，都是歷史悠久的名品。宋代蘇東坡有《洞庭春色賦》，其序中提到安定郡王以黃柑釀酒，並稱之爲「洞庭春色」。此外，在興化一帶，還盛產柿子酒，這種酒據說營養價值豐富，寒冬時節，以柿子酒沖雞蛋吃，不僅能補身，還能驅寒氣。

總之，好的水果酒大都含有豐富的營養成分，適量的飲用，對身體大有好處，而且其價格並不昂貴，人人都喝得起。

滋補養身兼治病的藥酒

和水果酒一樣，我國藥酒也有極悠久的歷史。

早在戰國時期，醫藥家就已能成功地應用藥酒治療一些疾病。南北朝的醫藥家陶弘景（西元四五六——五三六年）在他所著的《本草經集注》中，曾總結了前人的經驗，規定了藥酒的製作規程。李時珍《本草綱目》一書，在「酒・附諸酒方」中就列舉了幾十種藥酒，可算是集大成者。

古人很早就把酒視爲營養的補品，如《禮記・射義》說：「酒者所以養老也，所以養病也。」即使是「有疾」，「食肉飲酒也可」，由此觀念發展，補身藥酒自然應運而生，而且倍受重視了。

根據統計，外國的藥酒生產不多，但中國的藥酒種類之多，卻實在不可勝數，所以有人說，藥酒，是中國人對世界醫藥作出的一項偉大貢獻。

藥酒有葷酒與素酒之分。用肉類浸泡的是葷酒，如蛇酒、虎骨酒等；素酒則是用植物浸泡的，如人參酒、桂圓酒就是。一般來說，製葷酒至少要一年時間，而素酒則最少需要三個月的時間，浸泡的時間愈長，藥效愈好。浸泡藥酒最好用小酒甕，酒和藥一起放入，不可全部塞滿，要使藥物有空位膨脹，最好是七分滿左右，然後予以密封，置於陰涼處。

服用補身藥酒時，必須切記不可超量，最好是先試飲，再逐漸增加，適量則止。此外，它與一般治療疾病的藥酒不同，須長期服用，因爲治療疾病的藥酒，只要疾病好了就可以停服，而補身藥酒則持續服用時間愈久，愈見功效。

我國生產的藥酒，馳名的很多，如大陸的十全大補酒、少林補酒、養生酒、玉容葆春酒等，都受到世界許多國家的歡迎。臺灣菸酒公賣局則出品有：參茸酒、虎骨酒、桂圓酒、烏雞酒、雙鹿五加皮酒等，其中以雙鹿五加皮酒最出名。提到五加皮，李時珍在《本草綱目》中就曾引用前人的話說：「寧得一把五加，不用金玉滿車」，可見得五加皮很早就受到重視。所謂五加皮，是一種植物「五加」的皮；「五加」又名「五佳」、五花、文章草等。此藥以五葉交加者較佳，故名五加、五佳、五花。用五加根莖的皮浸酒，據說可以補身，並治風溼，不僅中國使用，連日、韓、東南亞一帶都知道。

雙鹿五加皮，除了參入五加皮外，還加進何首烏、當歸、人參、川芎、玉竹、桂皮等藥材，是國內所產藥酒中銷路最廣的一種。所謂何首烏，是一種多年生蔓草的根，相傳是唐朝一姓何者，服食之後活了百餘歲，但頭髮依然烏黑，故名何首烏。這種藥曾經在日本風行一時，據說有益精壯氣黑髮延年之功效。

此外，在臺灣還可買到金門酒廠出品的益壽酒，這種藥酒的配方據說是楊森將軍提供的，但未獲得證實。

不論是補身藥酒或治病藥酒，飲用時最好先請教醫師，不要私自亂加藥材，否則不僅未達到預期治療的效果，反而傷身，那就划不來了。

飲酒的訣竅與禁忌

飲酒若得法，酒成良藥，若不得其法，酒成毒藥。日本著名的石垣純二博士在其所著《健康法》一書中，提出了這樣的警告。事實上，不僅是飲酒，任何事都必須講究方法，否則會適得其反，徒勞無功。因此，許多專家學者，對飲酒大多有自己的心得或體會，嗜飲杯中物者，若能參考或照辦，對自己的健康或酒量將會有所裨益。

石垣純二博士對飲酒提供了下列五種訣竅：

1. 飲公酒：就是要飲用國家公賣的酒，凡是來歷不明的酒，絕對不買不喝。過去有人貪小便宜買假酒喝，結果中毒

發抖，甚至失明送命，所以這一點千萬切記。

2.飲葷酒：所謂葷酒，就是備有佐酒菜餚，多吃富有營養的葷菜，可以保護肝臟。

3.飲慢酒：一定要邊吃菜餚邊喝酒，愈慢愈好。狂喝急飲，雖增酒膽，卻容易減低酒量，很快就醉。

4.飲坐酒：要舒服坐妥來享用，借酒裝瘋或手舞足蹈，都會加速酒精作用。

5.飲節酒：飲酒一定要自我節制，各人可憑經驗測知自己的酒量深淺，適量即止，不要逞強，能喝到身心舒暢的地步就停止，才是最懂得飲酒之道的人。

以上這五種方法，若能善加把握，就不易酒後失態了。

此外，有些人喜歡以灌醉別人來顯示自己的熱情與誠意（尤其是宴會的主人），這時候就必須提高警覺，小心應付，才不會當場出醜而貽笑大方，在此，可提供一則妙方，如能巧妙運用，就可以在一般宴席上應付自如了。這帖妙方是：

「一推，二端，三聞，四嚐，五少呑。」

這十一字，已把喝酒的步驟與技巧都涵蓋在內，如何運用，那就存乎一心了。

至於飲酒的禁忌也不少，有人說酒是「穿腸毒藥」，就是警惕沈緬於酒中，不知自拔的人。中國有句俗話：「早酒晚茶最傷身」，因爲飲早酒最傷肝，而肝臟是人類分解酒精的器官，大概一小時可分解十西西左右，即使飲者處於醉眠狀態，肝臟依然努力在進行分解工作，因此如果大量飲酒，或長期飲酒，肝臟自然缺乏休息時間，而不堪負荷，久而久之就容易導致肝機能失調，甚至罹致病變。一般來說，飲者最容易得到肝硬化，而肝硬化至今仍是醫學界感到棘手的病症。所以平日肝功能就不佳者，切忌飲酒，而肝臟強健者，若不加節制，日久一樣會退化。

鬥酒，在宴會酬酢的場合中經常可見，剛開始是猜拳罰酒，遊戲趣味尚濃，但幾回合下來，往往會演變成比較酒量的鬥酒了。一旦鬥酒氣氛造成，小杯子便換成了大杯，罰一杯變成罰三杯，這就超出增加歡樂情緒的賭酒範圍，而轉成意氣與面子之爭了。鬥酒的結果，常常是兩敗俱傷，因此遇有鬥酒的場合時，最好避免參加，以免進退維谷。

爲了健康，還有一些飲酒的禁忌必須注意。如腹中沒有食物或正在發怒的時候嚴禁飲酒，在民間有句俗諺說：「空腹盛怒，切勿飲酒」，這是有道理的，當人的胃腸中空無食物時，乙醇最易被迅速吸收，當然也最易被醉倒。而人在發怒時，按中醫的理論說，會肝氣上逆，面紅耳赤，頭暈頭痛，再加上乙醇所造成的「興奮」，往往會造成難以收拾的後果。還有憂愁時也最好避免飲酒，所謂「藉酒澆愁」，是很傷身體的。

在《清異錄》中說：「酒不可雜飲。飲之，雖善酒者亦醉，乃飲家所深忌。」不同的酒有不同的成分，有些成分不宜混雜，若多種酒混雜飲用，不但易醉，且常會導致胃不舒服或頭痛等毛病。

宴會用酒，不可用藥酒，因爲藥酒大多含有中藥的成分，某些藥物成分可能不適宜某些食物，若一併食用，也會產生嘔吐等症狀。

最後要提醒的是，酒後切記不要馬上洗澡。據一些研究報告指出，洗澡前若飲用含酒精的飲料不僅有害健康，嚴重時甚至會引起死亡。這是由於酒後體內貯存的葡萄糖，在洗澡時會被體力活動消耗掉，因而血糖含量大幅下降，體溫也會急劇下降，這是十分危險的；同時，酒精會阻礙肝臟的正常機能，抑制體內葡萄糖貯存的恢復，從而危及生命。所以，酒醉後最好是睡一覺，任何劇烈消耗體力的活動都最好避免。

以上這些飲酒時的訣竅與禁忌，只是一部分而已，類似或相關的理論還有不少，只不過，嗜飲的人雖然也略知一二，但一旦黃湯下肚，卻又忘得一乾二淨，這恐怕才是眞正飲酒的大忌吧！

怎樣的酒是好酒？

到底要如何分辨酒的好壞，由於人們的口味不一，其實很難有統一的標準。明代謝肇淛在《五雜組・物部》中說：「酒以淡爲上，苦冽次之，甘者最下。」這只是他個人的喜好，並不是唯一的眞理。雖然如此，要品鑑好酒與否，依然有一些共通而普遍的看法，從這些前人的經驗中，我們可試著去品酒，或者說是去欣賞酒。

當我們端起一杯酒，最先接觸到的是它的「顏色」。如果是有顏色的酒，就看看顏色是否奪目悅人，或清亮透明，一般來說，色澤艷麗的較佳，發暗或渾圓的較差；如果是無色的酒，則視其是否純淨透明，清澈晶瑩，要不渾濁、無浮懸物才可。如果是啤酒，還可從泡沫上加以判斷，愈是豐富、潔白、細緻、持久的愈佳，一般泡沫應不低於三分鐘，時間愈長，品質愈好。

顏色觀察完畢，就可以把酒湊到鼻邊，聞聞它的香氣。由於酒的種類不同，香氣也不一樣，但不管什麼酒，香氣應該是令人感到舒服的。有些酒的香氣太濃烈，撲鼻令人難受，並不能算是好酒。如果是葡萄酒和水果酒，就應該同是具有葡萄或水果原料的香氣和酒的香氣，而且二者協調和諧才行。如果是藥酒，由於所用中藥各有不同，氣味也各異，很難有統一的標準。啤酒則要求有顯著的酒花和麥芽香。

在聞香時，不可用力猛嗅，這樣效果並不好，應該時遠時近，慢慢領略，才能感受出酒所獨具的芳香。

經過觀色、聞香兩個步驟，就該嘗味了。當我們把酒喝到嘴裡後，要嘗嘗它的滋味如何，最好是先略啜一點，用舌尖品味，再讓酒平均分布於所有的味覺區，感覺一下諸味是否協調，過與不及都不好。好的酒應該濃厚、醇滑、純淨，咽下喉去，平順而不嗆人，而且有回甘，口齒留香。如果有異味也不好。一般而言，品酒最好是細飲慢啜，才能眞正領略到某種酒的眞味。但也不是一概而論，例如要欣賞啤酒，一乾而盡時反而較佳。

以上這三種方法，可以識別出酒的好壞，但是這三種辨別能力的培養，有時是因人而異，有時則要靠經驗或訓練，所以才會有「品酒師」這一行業的存在。

法國的品酒師協會曾經指出，所謂的好酒，必須具備以下八項條件：

1.均勻：指酒的各種成份，須配合均勻，和諧如成一體。

2.健康：健康的酒如壯士，或綺年玉貌的女人，既不幼稚嫩拙，也不衰老年邁。這有點抽象，但品酒師卻有如此體悟，令人自歎弗如。

3.文雅：酒應如彬彬有禮的紳士，親切而溫馨，而不是如莽夫般，看似刺激，其實不能耐人尋味。

4.豐盈：質厚而不膩，洌而不淡，也就是「增一分太肥，減一分太瘦」，要達到這種境界可不容易。

5.個性：各種酒必須保持其獨特的風味，紅葡萄酒就是紅葡萄酒，香檳酒就是香檳酒，白蘭地就是白蘭地，雖然這些酒的原料都是葡萄。

6.酸性：酒的酸性要恰到好處，太多則澀，太少則淡。

7.柔順：酒入喉時，應滑順平和，很舒適地流過，不刺激，讓人有飲「瓊漿玉液」之感。

8.成熟：酒的成熟期，早晚各有不同，只有經驗豐富的人，才能決定何者可以飲用，何者仍應貯藏。因爲酒未熟則無味，酒太熟則失味，故如何掌握酒的成熟度，是攸關酒味的重要技術。

看樣子，要符合以上八項條件的酒，恐怕不易得，而要具備這些能力更是一門大學問。如果不苛求的話，只要喝起來香醇適口，應該就可以算是好酒了吧？

如何才算喝醉

很少人會承認自己喝醉，當他喝醉的時候。醉，實在是一種難言的滋味，有的人醉後飄飄欲仙，有的欲嘔吐頭暈，有的醉後倒頭就睡，有的卻借酒裝瘋。一樣的酒，卻有千百種醉態，眞是如人飲「酒」，冷暖自知。

到底怎樣才算醉？以下的七種境界可提供參考——清醒時參考：

1. 酣然：這是最輕微的程度。打算盤不準確，經常錯誤。會忘掉一些事，但也會特別記著一些事。

2. 陶然：手指不太靈活，寫字歪斜，開啓號碼鎖十分費

力。

3.醺然：腳步開始不穩。自己感到身上十分舒暢，飄飄然，這是飲酒最迷人的境界。

4.小醉：話多，酒後吐眞言的階段。走路歪斜，動作誇張。也會開始「想當年」，但是聽不清別人說話。

5.大醉：語言不清而喋喋不休，走路須扶持。想引吭高歌，但不受歡迎。易笑易哭；會亂打人。

6.沈醉：不能走路，想嘔吐或已吐出，應送醫。思考遲鈍，但卻堅持自己沒醉。

7.泥醉：或稱爛醉，已失去主動力，囈語，不知所云，昏睡如爛泥。

從這些酒醉種類看來，酒可眞是一種奇妙的液體。不過，並不是每一次喝酒，就能體會上述各種滋味的，有的人喝兩杯就醉倒，根本不知微醺是何物，想要「漸入佳境」只怕不容易。

醉意的產生，是由於血液對於酒精的反應，但是，醉的程度往往因人而異。有人以酒醉後表現於行動的不同，將醉態分為下列八種：

1. 猴醉：大聲唱歌，跳來跳去，動作靈敏。

2. 獅醉：喜歡說「乾杯」，大吼大叫，想找人打架，甚至動刀動棍，許多命案與火拚，都是因此引起。

3. 豬醉：舌頭打結，口才笨拙，但不停地說「再來一杯」！

4. 羊醉：自以為威風八面而大言不慚，其實舌頭已不聽使喚，力不從心。

5. 哭醉：酒入愁腸，涕泗縱橫，所有傷心事，都付號啕大哭中。

*6.*眞醉：呼呼大睡，鼾聲震天，天塌下來也不怕。

*7.*山羊醉：對女人產生興趣，覺得所有女人都是美女天仙，一副色瞇瞇的邪惡模樣。

*8.*狐醉：就是裝醉。心懷不軌，先把對方灌倒，再進行自己的陰謀。

以上八種醉態，代表了八種酒品，同時也是人品的呈現。一旦喝醉，就不易設防，眞面目會自然流露出來。

大致來說，酒量好的人，由於血液中的酒精濃度上升較慢，所以不易醉；酒量淺的人，血液中的酒精濃度上升較快，所以容易醉。不過，酒精吸收量隨著體質與體重有別，同樣的一瓶啤酒，有的人面不改色，有的人卻走路開始「天龍八步」，所以說，喝酒是需要功力與火候的。

豆乾海帶，下酒好菜

中國人喝酒，喜歡配些佐酒食物，不僅增加氣氛，對健康也有好處。衆所皆知，空腹飲酒，可能導致胃出血或十二指腸潰瘍的症狀，並不是正確的飲酒之道。因此，了解酒精厲害的醫生，都會叮嚀飲者在喝酒之前，先進食打底，以期減少酒精中毒的機率。

所以，吃些飯菜再飲酒，是較不易醉的。不過，有些人不喜歡塡飽肚子再喝，認爲會降低喝酒的樂趣，因此經常是一甫坐定，就先乾三杯，這樣的喝法，看似豪氣干雲，其實很快就醉，而且有礙健康。最好的解決方法，就是佐以小菜，既不空腹，也不會太飽，邊喝邊吃，談天說地，最能增進彼此的情感交流。

提起下酒菜，大魚大肉並不理想，因爲人體所需要的熱能，主要是靠碳水化合物、蛋白質供給，如果是以脂肪供熱爲主，則可能因氧化不全而產生酮體，久了，會形成酸中毒。尤其是常喝酒的人，穀物的攝取量相對會減少，更不宜以肥肉佐酒。最好是選一些蛋白質含量較高、口味清淡的菜餚佐酒比較合適，像青菜、大豆製品都很好，既於身體有益，又別有情趣，可以幫助酒興。

中國人最喜歡的下酒菜，要算是果類了。大陸上盛產的栗子，就是一種很合適的佐酒物。古人曾說「嘉栗旨酒」，指的就是一邊剝食栗子，一邊飲用美酒。除栗子之外，杏仁、胡桃仁、落花生及其他豆類，都是極佳的下酒食物。

臺灣因位於亞熱帶，硬殼果的生產較少，像栗子、胡桃等大多是從國外進口，價昂而物並不美，因此用來下酒的不多，倒是本地生產的落花生，因爲味香價廉，長久以來就是喝酒不可或缺的小菜。花生仁含有大量的維他命B1、B2等，營養價值也不低。

除了花生，如海帶、豆乾、滷蛋、魷魚絲、魚罐頭等，也都倍受飲者青睞；當然，切一盤滷牛肉，或者肝連，常能讓人食指大動，因而多喝幾杯。有些價格稍貴的，如炸蛤仔、炒螃蟹、烤蝦等海鮮食物，一樣普受本地同胞歡迎。

有了下酒菜，喝酒就變得豐富而有變化。若能邀得三五知己，雨夜對坐，燙一壺好酒，再點綴幾盤清爽可口的小菜，豈不是人生難得享受？

既然是佐酒小菜，是否一定要根據酒來選擇菜呢？當然不是。我們也可以因菜擇酒，例如吃中式菜餚時，黃酒、白酒都很適合。飯前和飯後喝點甜酒，可以開胃或助消化。歐洲人習慣飯後喝一點甜紅葡萄酒，吃蝦時則喝乾白葡萄酒或玫瑰色乾葡萄酒。這些都是因菜而選擇「下菜酒」的例子。

如何敬酒與擋酒

國人在飲酒時常常會不斷的敬酒，若是適可而止，倒也不失禮數，但往往有的人熱情過份，不僅敬個不停，而且非得對方乾杯不可，這樣反而容易失去飲酒取樂的眞正用意。尤其是參加一些喜宴或友誼餐會，到底要如何敬酒與擋酒，攻守之間實在是門大學問。以下就提供一些戰略，以收知己知彼之效。

通常在敬酒方面有下列幾種技巧——

1. 禮貌法：這是最正統的敬酒法。譬如說：「這一杯我先乾爲敬！」對方通常無從推避，只好乾杯。而對方如果不

接受，你可接著說：「總得賞個面子吧！」或是「總不能讓我敬不上乾站在這兒呀！」之類的話，保管有效。

2.恭維法：千穿萬穿，馬屁不穿，先恭維，後敬酒，通常會有意想不到的效力。譬如說：「喝吧，你一向喝酒都是最爽快的！」或是「別說一杯了，三杯您也沒問題呀！」這迷湯一灌，對方自然酒興大增。

3.激將法：這一招最有效的，是說：「老兄怎麼不喝，莫非太座沒批准？那就少喝吧，免得回去跪算盤……」對方爲了面子，很少不喝的。此外也可說：「您的酒量再好，也比不上咱們這位……」這對已有幾分酒意的人收效最大。

4.離間法：「今天甲兄好像還沒有敬過乙兄，怎麼大家都敬過了，就是還沒敬乙兄？」這一來甲乙二人自然開始尷尬，而不得不上演一場盛情難卻的敬酒好戲。

5.賭輸贏法：有些人沒有酒興，賭癮卻很大，爲了投其所好，不妨誘之以賭：「聽說老兄拳法高強，今天倒要領教領教！」這一招可比費盡唇舌才敬上一杯有效多了。

以上是攻城略地之法，接著要介紹如何水來土掩的擋酒策略——

1.裝病法：這種招式雖不大吉利，卻最管用。「實在對不起，老兄敬酒不敢不喝，只是這陣子血壓又高了，昨天上醫院，醫生還交代千萬不准喝酒！」此話一出，對方再狠，大概也不會強迫喝酒了。

2.轉移目標法：人家敬酒，如果實在推不掉，可以設法轉移目標，最好找席上較有身份地位的人：「禮貌上，你應該先敬他才對呀！你們敬完，我們再喝。」如果他們又僵持不下，豈不是逃過一杯？

3.虛張聲勢法：如果敬酒的人酒量並不很大，可以運用此招：「老兄，一杯誠意不夠，要嘛就三杯，喝完我再回敬你三杯！」對方心一虛，大概就以「隨意」草草解決了。

4.懼內法：只要臉皮厚，這一招也經常管用——「出門時太太再三囑咐不能喝，實在抱歉！」雖然會被嘲笑一場，也總比被灌醉好。

5.假公濟私法：對許多上班族而言，這也是很合適的方法——「不行啦，明天有三個重要的會要開，我資料還沒準備呢！」或者說：「明天一早要出差到南部談生意，實在抱歉！」這樣一來，對方自然不便影響你的公事而放下酒杯了。

6.尿遁法：這是第三十六計，萬一碰上實在無法應付的局面，只得採取這種洩氣的下策了。

以上這些策略，都只是提供參考，至於運用之妙，自然存乎一心。攻守之間，既要自忖實力，也要顧及氣氛，因人因時因地而採用不同計策，若是「一招半式闖江湖」，早晚被識破而「酒名」一敗塗地！

酒令

——飲酒時的助興遊戲

根據《韓詩外傳》記載：「齊侯置酒令，後者罰酒一經程。」這是「酒令」一名最早的文獻記錄，從這段話看起來，當初製作酒令的原意，只是爲了便於處罰一些赴宴不守時的人，但不知何故，現在已演變爲一種酒宴前的助興遊戲。一邊喝酒，一邊行令娛樂，這種趣味恐怕只有中國人才能體會了。

通常行酒令比猜拳來得斯文，進行時比較安靜，但有的也很熱鬧，而且人愈多玩得愈起勁。以下介紹幾種常行的酒令，只要熟悉其名詞及遊戲規則，玩起來通常都能達到助興的效果。

抬轎：這是最安靜的方式。三人都不出聲，只以手出指，若二人手指之數相同者不飲，不同者則罰酒。

一字令：是適合二人玩的酒飲。每人口中各喊一數字（一至十爲限），同時各出手指，能猜中二人所出手指數的總和者爲勝，否則爲敗，敗者當然就罰酒一杯。如二人都猜中，則不分勝負，稱爲「喜相逢」，彼此各飲一杯。倘自己所出之指，根本不足以湊齊自己所猜之數者則罰酒，如口喊爲七，但自己只出一指，即使加上對方的五指也不可能成七，或者是口喊爲八，而自己所出之指卻少於三，也不可能成八，類似這樣的就該罰酒。

戒嚴令：這是十分富有趣味效果的方式。以一人爲司令官，乘全體正在吃菜時，突然喊「停」，全體必須立刻停止動作，此時或正在夾菜，或正欲張口吃菜，種種怪態，最令人發笑，而這遊戲最有趣的正在此——先笑者罰酒。

五官搬家：以一人發令，一人應令，如發令者說「鼻」，應令者必須馬上用手指自己除鼻以外的四官，若也跟著指鼻，就算輸。

同盟陣線：這適合一桌十人共同參與，不僅熱鬧，且能增進彼此情感。十人分成兩陣線，一是單數陣線，一是雙數陣線，十人同時出指，合計總數若爲單數，則單數陣線的人全體罰酒，若是雙數，則雙數陣線的五人全部罰酒。

拍七：從一數起，至四十九爲一回。每人依次喊一數字，若是明七（指七、十七等）則在桌上拍一下，暗七則拍桌下（二七十四、三七二十一，十四與二十一就是暗七，餘類推），拍錯者罰酒。這個遊戲的速度不能太慢，否則無趣。

搖令：在桌上擺一大碗公，用匙在碗中旋轉，其匙柄轉向某人，則某人罰酒，然後再由飲酒者繼續轉。

以上所介紹的這些酒令，大多簡單易玩，當大家酒酣耳熱之際，選一合適酒令來共享，不僅助興，無形中也能聯絡情誼。

詩令

——文人飲酒的益智遊戲

酒令中有一種以詩句互相唱酬的方式，稱爲詩令。詩令的產生當是一些騷人墨客在觥籌交錯間自然的產物，不僅可助酒興，也可一展詩才，彼此互爭高下，是一種流傳民間，極富雅致趣味的文學類型。詩令進行時，表面上風花雪月，文雅高尚，但事實上經常是暗暗較勁，因爲文人相輕，酒醉亦然。以下舉數則富機智反應的有趣詩令，以饗同好。

某日，蘇東坡與黃魯直、佛印和尚三人，一同聚飲於西湖遊舫中。**眼見盤中只剩三片肉，東坡便提議行個數字令，**

他自己先說道：

二八一十六，且吃一片肉。

語畢，就用筷子挾去一片肉。黃魯直一看，馬上接口道：

二九一十八，兩片一起挾。

說完就將兩片肉一起送進嘴裡。佛印眼見三片肉全被吃光，無奈只得拿起醋碟子一飲而盡，並行令道：

貧僧不識數，且吃一碟醋。

這則詩令，有譏刺，有幽默，眞是令人會心。

有一回，四人共飲，規定詩令要以「相」字爲首，「人」字結尾，犯者罰酒。甲聽了出令道：「相識滿天下，知心有幾人？」乙立即接令：「相逢不飲空歸去，洞穴桃花也笑人。」丙也迎令道：「相逢何必曾相識？同是天涯淪落人。」輪到丁時，一時想不出詩句，就隨口道：「湘鄉有個李翳子。」此句一出，甲乙丙三人爭相質問：「第一個湘字還算類似，但結尾規定是人字，你怎麼說李翳子？」丁聽了，不慌不忙道：

難道李翳子不是人？

又有一日，東坡、秦少游等四人共飲一堂，欲行詩令，規定須以一件落地無聲之物爲首句，中嵌兩個古人名字，結尾要合情合理，不能者罰出酒錢。東坡才思快捷，立刻說：

筆花落地無聲，抬頭見管仲，管仲問鮑叔，如何不種竹，鮑叔曰：只須三二竿，清風自然足。

秦少游接道：

雪花落地無聲，抬頭見白起，白起問廉頗，如何不養鵝，廉頗曰：白毛鋪綠水，紅掌撥清波。

黃山谷說：

蛀屑落地無聲，抬頭見孔子，孔子問顏回，如何不種梅，顏回曰：前村深雪裡，昨夜一枝開。

佛印和尚最後說：

天地落塵無聲，抬頭見觀音，觀音問維摩，僧行近如何，維摩曰：遇客頭如鼈，逢齋項似鵝。

這眞是學問大競技，結果四人不分勝負，共攤酒錢。

還有一則詩令也頗風趣：有三個人原爲舊交，一日同飲於酒家，興來欲行酒令。其中有一人因罷官失職，鬱鬱不得志，另一人於行令時便挖盡心思予以嘲諷：

有水也是溪，無水也是奚，去了溪邊水，添鳥變成雞。得時貓兒雄似虎，褪毛鸞鳳不如雞。

失職者知其諷己，也不甘示弱答道：

有木也是棋，無木也是其，去了棋邊木，添欠變成欺。

魚游淺水遭蝦戲，虎落平陽被犬欺。

第三者見兩人針鋒相對，左右爲難，遂搖頭說道：

有水也是湘，無水也是相，去了湘邊水，添雨變成霜。

自家打掃門前雪，莫管他人瓦上霜。

如此冷嘲熱諷一番，三人自然是不歡而散了。這詩令充滿諷刺意味，並且將文字運用得出神入化。看來一般酒令人人能玩，這些機智又有學問的詩令，恐怕就不是人人能爲了。

猜拳

——酒席中最熱鬧的節目

所謂「猜拳」是以兩人相對出手，互猜雙方指數總和，喊對的勝利，喊錯的罰酒。這是酒席中最熱鬧的一項節目。比起前述的酒令、詩令，猜拳的玩法較簡單易學，販夫走卒人人能爲。

喝酒猜拳的歷史可溯至漢代，據《五雜俎》中記載：「後漢諸將相宴，爲手勢令」，可知這也算是我國流傳久遠的「國粹」。古時猜拳，五指皆各有專屬代名詞：手掌爲虎膺，指節爲松根，大指爲蹲鴟，食指爲勾戟，中指爲玉柱，無名指爲潛虬，小指爲奇兵，腕爲三洛，五指爲玉峰。

猜拳的方式繁多，如「剪刀、石頭、布」、「猜一拳」、「打通關」、「點將」（席中分雙方而點派部將輪流）或「猜火柴棒」（猜主持者掌中的火柴枝數）等，只要能達到娛樂目的，也可自創玩法。說猜拳熱鬧，是因爲猜拳時必須口呼術語，彼來我往，加上幾分酒意，音量自然放大，只要有一兩桌人玩，整個酒席的氣氛就會沸騰起來。猜拳的術語，各地不同，目前臺灣酒拳是以閩南語音爲準，但是隨著大陸移民的加入，口語音調都有變化，許多且有國語的訛音，若不細加分析，不易知其來源。以下就先介紹臺灣拳——

猜一時，本說「鰲頭」（古時中狀元稱獨占鰲頭），或說「一個」（出一指的意思）。有的人說「單操」，那是

「當朝」的訛音，因清代官居一品，稱一品當朝，後人因音近而誤用。

猜二時，本說「二喜」或「二家喜」，是指佳婚（二姓聯婚）爲兩家喜事之意。也有人說「倆相好」、「哥倆好」。

猜三時，本說「三星」或「三星照」（詩云：三星在天）。有說「三伸」者，應是三星的訛音。

猜四時，本說「四喜」或「四逢喜」。所謂四喜，是指久旱逢甘霖、他鄉遇故知、洞房花燭夜、金榜提名時。

猜五時，本說「五魁」或「五金魁」（科舉鄉試前五名稱爲五魁），或說「五子登科」。

猜六時，本說「六連」（天地四方爲六合，六方位連合而成宇宙），或說「六個」。

猜七時，本說「乞巧」（俗說七夕穿乞巧針）。有說「七巧」者，是乞巧的訛音。

猜八時，本說「八仙」（俗說醉八仙之義），或說「八馬」（古代顯官車前有八駿軍），也有的說「八抬（清代二品官坐八個人抬的大轎）。

猜九時，本說「九連環」（是一種鐵絲製的玩具），或說「魁斗」（北斗星又稱九魁）。有說「快到」者，是魁斗的訛音。

猜十時，本說「總開（十指總出齊開，以示完滿），或說「滿堂富貴」。

以上是臺灣較常見的酒拳，其音與義均有討吉利的作用，寓祝賀於玩樂之中，無怪乎主人家見宴席中「七巧」、「八仙」的喊個不停，不僅不以爲忤，反而笑顏逐開了。

花樣百出的各式猜拳

除了大家熟知的臺灣酒拳之外，尚有幾種曾經流行，但現已較罕見的拳，在此也稍加介紹。其實名詞雖有不同，其形式與玩法並無二致，讀者不妨參考採用。

禮拜拳——其口號是拜一、拜二、拜三、拜四、拜五、拜六、禮拜。所謂拜一是指頭一支，禮拜是七支，餘類推。

醫生拳——口號是以中藥名稱爲內容，如一條根、孩兒茶、三仙丹、四君子、五信子、六味丸、七珍梅、大八味、九層塔、十全大補。這眞是三句不離本行，連飲酒也藉機複習藥名。

三國拳——是以三國演義的內容爲口號，如單刀赴會、二嫂過關、三結義、四枝令、五關斬將、六出祈山、七擒孟獲、八陣圖、九伐中原、舌亂群倫。

泉州拳——口號是守孤單、阮雙人、全坦倒、斜目看、五娘思春、與恁說、是你來、八無搭、賊冤家、十團圓。

福州拳——口號是一隻、兩隻、三隻（三厘三）、四隻（四厘四）、五五、六個、七厘七、八仙、快快、對手。

廣東拳——口號是一定、二下、三元、四季、五臟、六六、禮拜、八仙、九慶、全家。

各地不同的口號，用各式不同的方音唸起來，不僅趣味盎然，也能顯現出地方語言的特性。以上的這些拳，大都是口唸，下面介紹一些用唱的方式來猜拳，如：

青蛙拳——其唱詞是：一個身、四隻腿、兩蕊目睭、一個嘴、幸來到、做（故意）你走、乒乒乓乓跳落水。

毛蟹拳——其唱詞是：一個毛蟹、八隻腳、兩蕊目睭、依然啊一個蟹童個、壓（抓）也壓不著、逃仔逃不走、望你手來和。

菜公拳——所謂菜公是指吃素齋者，其唱詞爲：七月十五廟廳門開，十八羅漢兩邊排，菜公手提金針簿（拳完唸）南無阿彌陀。

五更拳——其唱詞是：頭面頂上賞花、三身及第緊走、四的鬧五更、六花六喚春、七笑、八馬、提督九於門、十全陳其美啊，兩班又來開。

此外，另有一種名爲「啞巴拳」的，口不出聲，只由對方握拳走換臉部五官，彼此互猜。雖沒有特殊技巧，但趣味十足。

妙趣橫生的酒聯

對聯是我國獨特的民間文學之一，歷來作品甚多，其中與酒有關的也不少，這些酒意濃厚的酒聯，想來多是嗜飲者在幾分酒意下的傑作，或抒發騷怨，或寄託己志，也有的純是逗趣，這些「酒的文學」中實不乏佳作，值得品賞。例如明朝的才子唐寅，以佯狂縱酒，被寧王宸濠罷歸，築室於吳縣桃花塢，放浪形骸，鬱鬱以終。他曾自撰一聯曰：

一失腳成千古笑；
再回頭是百人年。

龍虎榜中名第一；

煙花隊裡醉千觴。

寫自己的無奈心境十分傳神。

位於桐盧縣富春山的嚴子陵釣魚台，下看富春渚，風景絕佳；有東西二台，各高數十丈，鄭板橋曾題一聯：

先生何許人，羲皇以上；

醉翁不在酒，山水之間。

將嚴子陵淡泊名利的高遠情懷，數字之間表露無遺。

清朝陽江人姜自騶，爲光緒年間進士，曾爲廣州珠江的畫舫題下酒意甚濃的對聯：

明月不常圓，醒復醉，醉復醒，

願為蝴蝶一生思量都是夢；

好花難入眼，意中人，人中意，

試把鴛鴦兩字顛倒寫來看。

這兩聯寓意深遠，對仗也十分工整。

曾國藩的學生何栻，曾題聯曰：

釀五百斛酒，讀三十車書，於願足矣；

製千丈大袋，營萬間廣廈，何日能之。

其中透露出極大的氣魄，是言志的佳構。

有某處的土地廟，其對聯是：

白酒黃酒都不論；

公雞母雞只要肥。

十分幽默有趣，人神共賞。

在陶然亭上，蔡錦泉曾留下一聯曰：

客醉共陶然，四面涼風吹酒醒；

人生行樂耳，百年幾日得身閒。

既嵌地名，又寄心志，頗富藝術性。

有一家茶、酒合營的店鋪，其店聯是：

為公忙、為私忙，忙裡偷閒，喝杯茶去；

求名苦、求利苦，苦中作樂，拿壺酒來。

這分明是畫龍點睛的宣傳廣告詞，讀了令人會心，不禁眞要進去喝一杯。酒聯之妙，這可算是發揮得淋漓盡致了。

鍾馗捉醉鬼

在中國古代的笑話書中，有關酒的趣事不少，在此提供幾則聊供一粲。《中國笑話書》中敘述鍾馗捉醉鬼之事，充滿豐富想像力，將酒鬼之形象毫不費力地描繪得栩栩如生，其故事大意如下：

玉帝坐凌宵殿中昭示諸神：「地獄之鬼，有閻君統治；惟陽世之鬼，無人管束，愈出愈奇。我欲使鍾馗下凡，盡捉而食之，以除生靈之害。」衆神聽了疑問道：「界分陰陽，陰有鬼而陽有人，陽世何得有鬼？」玉帝答曰：「陽世之鬼更多，譬如吝嗇鬼、勢利鬼、煙鬼、賭鬼、醉鬼皆是也，焉可不除！」遂命鍾馗下凡界捉鬼。

鍾馗奉命下界，果然將陽世之鬼一網打盡，惟醉鬼獨不見到案，詢之鬼卒，答道：「這醉鬼無日不飲，無飲不醉，夜間鬧酒發瘋，白日害酒裝死，實在難捉。」鍾馗聽了只得下令：「且先將衆鬼烹而食之，回奏玉帝要緊。」

正當鍾馗一行押著衆鬼離去時，忽來一人扭著鍾馗不放，並自稱是醉鬼。鍾馗大聲喝道：「我正要捉你，你因何自投羅網？」醉鬼反問：「你是何人？」鍾馗答道：「我乃奉命捉鬼的鍾馗！」不料醉鬼又問：「你姓鍾乎？是大鍾？還是小鍾？」鍾馗一聽頓感迷惑：「此話怎講？」只見醉鬼不慌不忙地說：「若是大鍾，與你豁三十拳；若是小鍾，與你豁五十拳。豁完了，你吃不吃我，我不管！」

這則笑話眞是極富諷刺性，醉鬼神態表露無遺。

《笑府》中提到有個酒鬼，拾到一壺酒，內心雀躍萬分，正想把酒拿去溫來喝時，突然醒來，明白原來是一場夢後，十分懊惱，不禁憤憤說道：「早知是一場夢，就不必溫酒了，乾脆喝冷酒不就喝到了嘛！」

清朝某文士，在縣城富豪家中設館，主人非常吝嗇，食膳不佳，久無肉食，更遑論備酒，久之文士心中甚感不悅。一日，學生送來題紙，請夫子出文題和詩題，文士不假思索，提筆寫道：

文題：三月不知肉味

詩題：借問酒家何處有？

主人聞悉此事，羞愧不已，翌日即派人送來酒肉。這種討酒方式倒是十分高明，既含蓄又機智。

某日，東坡偕友人遊湖，佛印和尚知之，先藏身艙板下，囑舟子勿張揚。不久東坡偕友至，取出酒餚。東坡說：

「今日佛印不在，吾輩不必作急食狀，宜酒令，用以遣興。」友人自然贊同。於是東坡首言：「浮雲推開，明月出來，天何言哉，天何言哉！」友繼之曰：「浮萍推開，游魚出來，得其所哉，得其所哉！」忽然佛印頂開艙板跳出來大聲說：「艙板推開，佛印出來，人焉廋哉，人焉廋哉！」三人相視大笑。

另有一則有趣的記載，是茶與酒爭高的對話，由於這兩種皆是國人常飲之物，因此自然是不分上下，各言其妙。

茶對酒說：「戰退睡魔功不小，助成吟興更堪誇；亡家敗國皆因酒，待客何如只飲茶？」

酒對茶說：「瑤臺紫府荐瓊漿，息訟和親遺味長；祭祀筵賓先用我，何曾說著淡黃湯？」

喝茶飲酒各有利弊，這段對話倒是一語道破。

中國古代的酒書

在中國，由於酒發明的歷史甚早，因此相關的酒的專著也不少，自晉至清，據筆者所見約有二十種左右，這些凝聚前人經驗的酒書，大多是精典之作，實有向讀者們推介的必要。

《抱朴子》是晉、葛洪著，因其自號抱朴子，故以名其書。分兩篇，内篇二十卷，外篇五十卷。内篇論神仙、鍊丹、符籙等事，爲道家言，外篇論時政得失、人事臧否。書中有〈酒誡〉一章，專談酒事，這該是專篇論酒文章的濫觴吧！〈酒誡〉全篇都是諷諫人們切勿飲酒，因爲酒「君子以之敗德，小人以之速罪。耽之惑之，尠不及禍。」而且「夫風之爲疾，猶展攻治。酒之爲變，在乎呼吸，乃其間亂，若存若亡，視泰山如彈丸，見滄海如盤盂，仰嚾天墜，俯呼地陷，臥待虎狼，投井赴火，而不謂惡也。夫用身之如此，亦安能惜敬恭之禮，護喜怒之失哉？」這段話將酒醉之態，描繪得入木三分，藉此警惕人們醉酒之害。

至於北魏賈思勰所寫的《齊民要術》，由於多憑經驗，重在實用，故對如何造酒、造麴均有詳細記載。例如製作白醪麴，書中將其步驟、數量、作法等都予以仔細說明：「取小麥三石，一石熬之，一石蒸之，一石生。三等合和，細磨作屑，煮胡葉湯，經宿使冷，和麥屑，擣令熟。踏作餅，圓鐵作範，徑五寸，厚一寸餘。……」這眞是最古老的「酒譜」。另外針對如何作「笨麴餅酒」、「黍米法酒」等，也都大篇幅地加以介紹。最有趣的是其中的一篇〈祝麴文〉：「東方青帝土公青帝威神，南方赤帝土公赤帝威神，西方白帝土公白帝威神，北方黑帝土公黑帝威神，中央黃帝土公黃帝威神：某年某月某日辰朔日，敬啓五方五土之神，主人某甲，謹以七月上辰，造作麥麴數千百餅，阡陌縱橫，以辨疆界，須建立五王，名布封境，酒脯之荐，以相祈請，願垂神力，勤四所願。……神之聽之，福應自冥，人願無爲，希從畢永。急急如律令，祝三遍，名再拜。」不知今日的釀酒師傅們，是否也有類似的祝禱文，從這篇難得的文獻中，不難看出先人們敬神之虔，即連釀麴也被視爲大事，而由此也就證明了麴之好壞關係酒質優劣的重要性。

宋朝大詩人蘇軾也寫過一篇〈酒經〉，自陳釀酒之法。文中有云：「酒之始萌也，甚烈而微苦，蓋三投而後平也。

凡餠烈而麴和，投者必屢嘗而增損之，以舌爲權衡也。……釀久者，酒醇而豐，速者反是，故吾酒三十日而成也。」東坡嗜飲，故亦善釀，這裡說明了他三十日即可釀完酒的過程，其中論到計量之增損、投注之先後，應都是他的經驗之談。

《北山酒經》，宋朱肱（翼中）著，共三卷，記載釀酒之法，論系統，本書應是完備之作。上卷是總論，敘酒之歷史、官制及一些基本概念；中卷則論製麴，共有香泉麴、香桂麴、杏仁麴、瑤泉麴、豆花麴、玉友麴、小酒麴、蓮子麴等十三種之多，內容洋洋大觀，眞是專門之作；下卷論釀酒，每一過程均有詳細考證，從臥漿、淘米、煎漿、湯米、蒸醋糜、用麴、合酵，一直到上槽、收酒、煮酒、曝酒，都有完整的作法說明，一目了然。例如在投醹時，其技術的介紹便頗科學：「若醅腳發得恰好，即用甜飯依數投之。若發得太緊，恐酒味太辣，即添入米一二㪷。若發得太慢，恐酒太甜，即添入麴三四斤。定酒味全在此時也……」這本酒書，實在是研究酒學者不可或缺的參考書。其作者朱肱，據其同僚李保在〈讀朱翼中北山酒經并序〉一文中的介紹，他是「壯年勇退，著書釀酒，僑居西湖上而老焉。」爲了酒而辭官隱居，朱肱眞可謂是酒的知己，而《北山酒經》一書亦足以不朽了。

中國酒的經典之作

繼朱肱《北山酒經》後，宋人李保作了《續北山酒經》，內載四十六種不同的醞酒法。其自述著書之動機頗爲神奇：有一晚夢見朱肱，朱肱吟了一首詩——「投老南遷愧轉蓬，會令淨土變夷閫；由來只許杯中物，萬事從渠醉眼中。」翌日整理書帙，發現朱肱《北山酒經》一書，其中有「禦魑魅於煙嵐，轉炎荒爲淨土」之語，竟與夢境十分契合，令他十分訝異，因此開始研究而成此書。想來李保也是嗜飲者，否則爲何偏偏夢見朱肱，而是否眞有此一夢，怕也只有李保一人才知了。

張能臣有〈酒名記〉一文，搜羅了當時可知的酒名近二百種，令人目不暇接，没想到酒名竟是如此千奇百怪、別出心裁。如香泉、天醇、千日春、仙醪、瓊漿、金波、銀光、玉液、香桂、瑤泉、眞珠泉、瓊酥、甘露等，每一命名都富典麗意象，引人遐思。

何剡著〈酒爾雅〉一文，則從文字學的角度，解釋「酒」字的含義。其中提到時人以「三友」稱酒，乃出自白居易以詩、酒、琴爲三友的典故，音同而訛傳，考證與解說均詳盡。

《酒譜》一書是宋人竇革（子野）所著，共一卷，凡十五篇，始於酒名，終於酒令。大抵摘取新穎字句，以供採綴，其中所錄的一些神異酒事，可作小說觀，也都寓有深意。如〈亂德〉篇中云：「紂爲糟丘酒池，一鼓而牛飲者三千人，池可運舟。」寫紂之荒淫奢侈；「晉阮咸每與宗人共集，以大盆盛酒，不用杯勺，圍坐相間更飲，群豕來飲其酒，咸接去其上，便共飲之。」寫阮咸與豬共飲酒的怪事，駭人聽聞。這篇將宋以前一些飲酒敗德之事輯錄頗爲完整，令人一目瞭然。

〈神異〉篇更是有趣，將許多與酒有關的神奇異事，逐條敘述，題材豐富。如「張華有九醞酒，每醉，即令人傳止之。嘗有故人來，與共飲，亡勑左右，至明，華寤，視之腹已穿，酒流床下。」這眞是不可思議，令人想到酒是「穿腸毒藥」；又如「赤縣洲者，是爲崑崙之墟，其滷而浮爲蓬芽，上生紀草，食其一實，醉三百年。」眞有如此神妙的果實，吃一顆便可醉三百年嗎？讀來令人嚮往不已。

〈異域〉也是《酒譜》中引人入勝的一篇，將一些域外與酒有關的奇風異俗生動地紀錄下來。如「大宛國多以葡萄釀酒，多者藏至萬石，雖數十年亦不敗」、「眞臘國人不飲酒，比之淫，惟與妻飲於房中，避尊長見」等，都可增廣見聞。《酒譜》一書，實在是介紹酒的知識中極有系統且富價值的名作。

宋末之初的馬端臨，撰有三百四十八卷的《文獻通考》，材料詳贍，貫串古今，其中有一部份談到宋代的酒坊制度、興衰，如「嘉定二年，浙東提舉司言，溫州平陽縣言，縣之鄉村坊店二十五，當停閉二十一。……夫坊場之有敗缺，州縣通患也。……」由此可看出宋代社會現實之部份。

明代李時珍則是對酒的功德、藥效深有研究、貢獻卓著者，他一生致力整理我國醫藥文獻，上山採藥，備嘗艱辛。

在五十二卷的《本草綱目》中，酒的部份極具醫療價值。每一酒類，均先釋名，再加集解，寫出其氣味，並詳言主治功能，然後再加附方，體例清晰完整，內容紮實明確。如米酒的氣味「苦甘辛，大熱有毒」，能「殺百邪惡毒氣」、「通血脈，厚腸胃，潤皮膚，散溼氣，消憂發怒，宣言暢意」，所附酒方對功效、藥量也都註明清楚，如「驚怖卒死，溫酒灌之即醒」、「產後血悶，清酒一升，和生地黃汁煎服」等，相關內容極豐，讀者可自行參閱，在此不便贅述。總之，《本草綱目》一書，是對酒的研究有興趣者不能錯過的參考書，酒能治病，若能在這方面增強學識，對自己總是百利無害的。

論酒・品酒的古代專著

明人高濂撰有《遵生八牋》一書，其中〈醞造類〉一章記載了許多古代的酒，都是養生的補酒或藥酒。如「山藥酒」熱服有益；「黃精酒」可以除百病、延年、生齒牙、變鬚髮；「菖蒲酒」會使耳目聰明、髮白變黑、齒落更生、延年益壽，「五加皮三骰酒」則能令人肥健、行如奔馬。這些酒的製造材料與方法，書中都有詳細說明，酒類則有十多種之多。

明代還有一宋應星（長庚）者，所著《天工開物》一書，詳細記錄各地工農業生產技術，是我國科學技術史的一部重要著作。其中〈酒母〉一節，專門討論酒麴的製造，並說明各地酒釀的不同特色，文雖短卻頗具參考價值。

謝肇淛《五雜俎》書中也論酒，不僅內容豐富，且趣味盎然。如「酒以淡爲上，苦冽次之，甘者最下」，這是他品酒的標準；「閩中酒無佳品。往者順昌擅場，近則建陽爲冠。順酒卑卑無論，建之色味欲與吳興抗衡矣，所微乏者，風力耳。」提出了酒以風力爲上的獨特見解；又如「北方有葡萄酒、梨酒、棗酒、馬奶酒，南方有蜜酒、樹汁酒、椰漿酒，《酉陽雜俎》載有青田酒，此皆不用麴蘗，自然而成者，亦能醉人，良可怪也。」使我們對酒的特性有更進一層的認識。諸如此類的趣聞，條列書中，值得細加鑑賞。

明人稱爲「三袁」才子中的袁宏道（中郎），除了是「公安體」的大將外，對酒也是情有獨鍾。他的〈觴政〉一文，今天讀來仍雅致清新，能發酒人深省。在前言中他說明了撰寫的旨趣：「凡爲飲客者，各收一秩，亦醉鄉之甲令也。」其實這也許只是酒後戲作，但他卻寫得嚴肅正經，好像眞要訂出酒國專屬的法律似的。嗜飲者若眞能熟記在心，倒也有收斂之效。

〈觴政〉的內容計分十六類，每類談一主題，有吏、徒、容、祭、刑典、掌故、品、飲儲、飲飾等。例如在酒容方面，他說：「飲喜宜節，飲勞宜靜，飲倦宜詼，飲禮法宜瀟灑，飲亂宜繩約，飲新知宜閒雅眞率，飲雜揉客宜逡巡卻退。」流露出與酒相應的人生哲學。在酒宜方面，他說：「凡醉有所宜，醉花宜晝，襲其光也；醉雪宜夜，消其潔也；醉得意宜唱，導其和也；醉將離宜擊缽，壯其神也。」由此可看出當時文人在生活上的美學觀。在談到酒戰時，他說：「百戰百勝，不如不戰，無累之謂也。」完全是經驗之談。他也指出酒有三品：上品是「以糯釀醉人者爲君子」，中品是「以臘釀醉人者爲中人」，下品是「以巷醪燒酒醉人者爲小人」。以酒喻人，深意寓焉。

除了袁宏道的〈觴政〉外，清人黃九煙的《酒社芻言》，也是寫飲者之約法，不過他特別提出「三戒」：一戒苛令（即勸酒），二戒說酒底字（即行酒令），二戒拳鬨（即划酒拳），他認爲「以上三條，乃世俗相沿，習而不察者，故特拈出爲戒」這律法可算是嚴苛的了。另有蔡祖庚的《嬾園觴政》，也是訂定飲酒的遊戲規則，條例分明，賞罰都明文規定，且按官位、官階之不同，訂立不同的獎懲，讀來十分有趣。「每次以二十巡爲滿，巡滿即止，聽席內官尊者發落。」然後用四子擲，四各種狀況而採各種處置，如所擲四子全是么，則「各官俱革職，仍罰一巨觥，後遇全色，准復原官。」這是很能引人入勝的酒戲，透過書中的記載，這些古人匠心獨具的發明至今仍完整保留下來，只是今人很少會再按此法來遊戲一番了。